Ratgeber

Spezial-Report

So erhöhst du deine Chancen auf Lotteriegewinn

Leitfaden und detaillierte Strategie

für Leute mit wenig Geld oder Spieleinsatz

© 2021, Karl H Rausch
Herstellung und Verlag: BoD –
Books on Demand, Norderstedt
ISBN: 9783755758747

Die Teilnahme an einer Lotterie
ist für fast alle Menschen die
einzige Möglichkeit
auf legale Weise zu viel Geld
und Wohlstand zu kommen.

Im Durchschnitt spielen jede
Woche in Deutschland 21
Millionen Menschen Lotto.

Hinzu kommen weitere
Lotteriespielangebote diverser
Gesellschaften, sowohl online als
auch offline. Jeweils mit
unterschiedlichen Systemen,
Spielabläufen und Auszahlungen.

Lotto 6 aus 49

Forschungen berichten, dass etwa
40 Prozent der erwachsenen
Bevölkerung mindestens einmal
im Jahr Lotto spielen.

Etwa 20 Prozent der Deutschen spielen regelmäßig wöchentlich oder monatlich.

Deren Einsätze liegen in der Regel bei wöchentlich 13 bis monatlich 30 Euro für Lottospiel.

Hinzu kommen Gelegenheitsspieler, die sich bei Bekanntgabe besonders hoher Jackpots zum Mitspiel animieren lassen.

Die Einsätze von Gelegenheitsspielern liegen niedriger, so um die 6 Euro wöchentlich bzw. 13 Euro monatlich.

Insgesamt tragen diese Spieler etwa 100 Millionen Euro in die Lotto-Annahmestellen.

Zahl der Lottomillionäre ca. pro Jahr

Jährlich tippen ca. 400 Menschen in Deutschland sechs Richtige.

Die Zahl der Lotto-Millionäre in Deutschland liegt bei etwa 100 pro Jahr.

Die Wahrscheinlichkeit beim Lotto mit einem Tipp die sechs richtigen Zahlen der nächsten Ziehung vorherzusagen, liegt bei ca. 1 zu 14.000.000 (14 Millionen). Genau bei 1 zu 13 983 816.

Bei 6 Richtigen 1 zu 15 537 573 Gewinnchance.

Stelle Dir einen kleineren Sandhaufen vor, bestehend aus 14 Millionen kleinen Körnchen.

Eines dieser Körnchen im Sandhaufen beinhaltet Deine Losnummer auf Hauptgewinn.

Die Chance…mit einem Griff in den Sandhaufen genau dieses eine winzig kleine Körnchen aus dem Gesamthaufen zu ziehen als Millionengewinn ist äußerst gering.

Noch zehnmal niedriger (!!!) und utopisch gering die Chance, in der höchsten Gewinnklasse abzuräumen (6 Richtige mit Superzahl).

Gewinnklasse: 6 Richtige + Superzahl

Gewinnchance: 1 zu 139.838.160 (= 1 zu 140 Millionen)

Genauso unvorstellbar auch die Wahrscheinlichkeit, _in einem Leben_ mehr als nur 3 oder 4 Richtige zu gewinnen.

Vielleicht denkst Du nun: "Aber es gibt doch jede Woche beim Lottospiel einen oder mehrere Hauptgewinner. Warum soll auch ich nicht das Glück haben auf einen solchen Gewinn?

Antwort: Ja, es gibt solch Gewinner, doch die Chance mit Deinem kleinen Geldeinsatz auf solch Gewinn ist utopisch klein.

Beispiel:

Angenommen Du spielst Lotto 6 aus 49 mit den Zufallszahlen 10, 23, 24, 32, 44, 48

Einsatz 1 Euro (0,75 + 0,25 Euro)

Dann liegt Deine Gewinnchance nach 11 Jahren das erste mal bei vier Zahlen richtig getippt.

Einsatz: 570 Euro

Einnahmen: 111 Euro

Verlust: 459 Euro

Zwischen diesen 11 Jahren hattest Du 7-mal 3 Richtige (Gewinn-Chancen-Rechnung).

Verlust 459 Euro bei nur 1 Euro Einsatz bei dieser Rechnung.

Bei wöchentlich 10 Euro Einsatz verzehnfacht sich bereits Dein Verlust auf 4.459 Euro.

Nicht wenige setzen noch höhere Beträge in Hoffnung auf einen Hauptgewinn.

Frage:

Würdest Du jemand, der Dir ein tolles Geschäft mit hohem Gewinn verspricht, Monat für Monat z.B. 50 Euro geben, wenn er gleichzeitig mitteilt, dass die Chance auf Erfolg seines Geschäfts extrem gering ist?

NEIN ! Sicher würdest Du dies nicht tun, sondern eine vorteilhaftere Variante vorziehen, wenn es eine solche gäbe oder lieber Abstand nehmen.

Wenn also schon finanziell Risiko eingehen mit Lotterie spielen, dann doch bitte ein Lotteriesystem mit zahlenmäßig mehr Gewinnmöglichkeiten.

Nur auf Hauptgewinn zu spekulieren wie beim Lotto ist vermessen und vernebelt Hirn und klares Denken.

Welche Lotterie Du spielen sollst und

warum die hier aufgezeigte Strategie nur dort funktioniert

Die Lösung heißt Klassenlotterie !

Sicher hast Du schon mal davon gehört oder dort selbst schon einmal gespielt.

Dieser Report will Dir die Vorteile der Klassenlotterie aufzeigen.

<u>Warum gerade Klassenlotterie?</u>
Weil dies Lotteriesystem geeignet ist, Spielgewinne zu realisieren nach finanzieller Kraft des eigenen

Geldbeutels.

Und weil Klassenlotterie
wesentlich mehr Gewinnchancen
sowie Gewinnpreise bietet, als das
Lottospiel.

<u>Für diejenigen, die Klassenlotterie
noch nie gespielt haben:</u>

Eine Klassenlotterie ist eine
Lotterie, bei der der Spielzeitraum
in sogenannte Klassen unterteilt
ist.

Anzahl und Höhe der Gewinne
steigt von Klasse zu Klasse. Es
gibt 6 Spielklassen.

<u>Klassenlotterien Deutschland:</u>

SKL (Süddeutsche Klassenlotterie)

GKL (Gemeinsame Klassenlotterie
der Länder)

NKL (Norddeutsche Klassenlotterie)

Klassenlotterie Günther (NKL und SKL spielen)

Klassenlotterien teilen sich in 6 Klassen und werden jeweils 1 Monat lang gespielt. Sie beginnen und enden grundsätzlich zweimal im Jahr und laufen jeweils über einen Zeitraum von 6 Monaten.

 Anzahl der Gewinne und Gewinnsummen steigen von Klasse zu Klasse bzw. Monat zu Monat an. Ziehungen finden täglich statt mit einer Hauptziehung in der Woche.

Zur Teilnahme wird lediglich 1 ganzes Los oder 1 Los-Anteil benötigt. Die Lose können als ganzes Los oder in Los-Anteilen gekauft werden.

Wählt ein Spielteilnehmer ein halbes Los, so gewinnt er entsprechend 50 % des ausgespielten Gewinnbetrages.

Gewinne können auf Endziffern und ganze Losnummern fallen.

Der Spielplan ist für die Laufzeit einer Lotterie festgeschrieben und wird ausgespielt unabhängig davon, wie viele Lose tatsächlich verkauft sind.

Jeder Spielteilnehmer wählt selbst, wie viele Los-Anteile eines ganzen Loses er kaufen möchte. Die Gewinne werden den Anteilen entsprechend ausbezahlt.

Jedes Los gilt genau einen Monat und muss für die nächsthöhere Klasse erneuert werden.

Mitspieler werden rechtzeitig erinnert und gefragt, ob sie im nächsten Monat weiter mitspielen wollen.

Es kann zu Ende jeden Monats formlos gekündigt werden.

Anzahl und Höhe der Gewinne sind staatlich garantiert.

Jeder Spieler weis bereits vorab, welch Chancen und Gewinne er zu erwarten hat.

Egal wie viele andere Spieler noch daran teilnehmen oder ebenfalls gewinnen.

Der Höchstgewinn beträgt 16 Millionen Euro.

Für die Gewinne garantieren die beteiligten Bundesländer.

Spieler können jederzeit, ohne kündigen zu müssen, aus einer Lotterie ausscheiden und müssen nicht an der nächst höheren Lotteriestufe teilnehmen.

Zu jedem 1. des Monats entscheidet jeder Mitspieler neu, ob er weiterspielen oder aussteigen möchte.

Das maximale finanzielle Verlustrisiko ist der getätigte Los-Einsatz.

Für diejenigen, die Klassenlotterie noch nie gespielt haben:

Beispiel: SKL-Klassenlotterie

* Die SKL-Lotterie startet zweimal im Jahr, am 1. Juni und am 1.

Dezember

* Jede Lotterie dauert 6 Monate und ist in sechs monatliche Spielabschnitte geteilt, den so genannten Klassen

- Anzahl und Höhe der Gewinne sind garantiert.

> In den 6 Monaten Spiellaufzeit steigen Höhe und Anzahl der Gewinne stetig an, bis zur 6. Klasse.

> Ein ganzes Los des SKL-Millionenspiels besteht aus 10 Los-Anteilen.

> Die Los-Anteile sind pro Losnummer fortlaufend von 1 bis 10 durchnummeriert.

> Mit Los-Anteilen ist preislich günstiges Mitspiel an einem ganzen Los möglich.

> Gewinnauszahlung erfolgt anteilig nach Anzahl der gespielten Los-Anteile.

Angenommen, ein Spieler hält 2/10el Lose verschiedener Losnummern.

Eines der beiden Losnummern gewinnt 10.000 Euro. Somit erhält der Spieler davon 1/10el Anteil ausgezahlt = 1.000 Euro für seinen Los-Anteil.

<u>Spieler können wählen, ob sie:</u>

Los-Anteile verschiedener Losnummern kaufen wollen

oder

Los-Anteile gleicher Losnummern

oder

ganze Losnummern.

Der Mindest Los-Anteil der gekauft werden kann, ist 1/10el eines ganzen Loses und kostet 15 Euro je Monat.

Ein ganzes Los (100 %) kostet demnach 150 Euro je Monat.

Mit Höhe des Spieleinsatzes steigt die Trefferquote.

Beispiel:

Einsatz je Monat 15 Euro (gleich 1/10el Los-Anteil) ergibt eine Trefferquote von

53,50 % und einen möglichen Spitzengewinn von 1,6 Millionen (bei Teilnahme an allen 6 Klassen) = 160.000 Euro für diesen Spieler.

Mit solch Gewinn kann eine Großmutter schon mal lebenslang Strümpfe stricken für ihre Kinder und Enkel :) lach

<u>Einsatz je Monat 30 Euro</u> (gleich 2/10el Los-Anteil) ergibt eine Trefferquote von

78,77 % mit Spitzengewinn 1,6 Millionen.

<u>Ein 5/10el Los-Anteil</u> kostet 75 Euro

<u>Und ein ganzes Los (10/10)</u> kostet 150 Euro, mit Trefferquote und

Gewinnanteil 100 %

Dafür nimmst Du einen ganzen Monat lang an den **täglichen** Ziehungen einer Klasse teil.

Vorteile Klassenlotterie gegenüber Lotto spielen:

Die Trefferquote auf Höchstgewinn von 16 Millionen Euro in der <u>Klassenlotterie</u> liegt bei 1 : 3.000.000 (3 Millionen).

Dies ist schon mal ein großer Unterschied zum klassischen Lottospiel.

Dort nämlich liegen die Gewinnchancen auf einen Hauptgewinn nur bei 1 : 24.000.000 Millionen, sofern man denn gewinnt.

Beim Lottospiel weißt Du vorab auch nie die Höhe Deines Gewinns.

Dieser hängt ab von der Anzahl

der Mitgewinner die gleiche Zahlen getippt haben.

Je mehr Gewinner, desto weniger bekommt der einzelne Spieler von der Gewinnsumme ab.

So kam es bereits vor, dass Hauptgewinner mit sechs richtig getippten Zahlen weit weniger erhielten als angenommen.

Am 25. April 1984 zum Beispiel tippten 69 Lottospieler die Gewinnzahlen 1, 3, 5, 9, 12 und 25. Für diese sechs Richtigen erhielt damals jeder Spieler weniger als umgerechnet 10.000 Euro.

Das ist der bisherige Negativrekord für das deutsche Samstagslotto.

Was lernen wir daraus?

Auch mit nur 1 Los-Anteil (15 Euro) besteht stets Gewinnchance auf 1,6 Millionen Euro Anteil oder sonstigen Gewinnausschüttungen.

Die Anzahl aller Mitspieler und Konkurrenten ist weit geringer als beim Lotto. Es werden maximal 3 Millionen ganze Lose ausgegeben.

Der Sandhaufen der Klassenlotterie-Spieler wäre also etwa 8-mal kleiner als der Sandhaufen der Lotto-Spielteilnehmer, jedoch die Chancen auf Gewinn um Vielfaches höher.

Ein gutes Argument mit Klassenlotterie sein Glück zu versuchen.

Wäre es da nicht gut, dem Glück etwas nachzuhelfen und einen Leitfaden / Strategie zu haben, die hilft Gewinnmöglichkeiten zu optimieren und zu beschleunigen? Natürlich wäre dies gut!

 Nachstehend werde ich Dir einen Leitfaden für Klassenlotterie aufzeigen mit dem Du arbeiten kannst. Lass mich in folgenden Zeilen dies näher erklären.

Leitfaden und detaillierte Strategie

für alle mit wenig Geld oder Spieleinsatz.

Dieser Report und Leitfaden Klassenlotterie ist geschrieben für all diejenigen mit wenig Geld oder Spieleinsatz in der Tasche, aber mit dem Wunsch, mittels Lotteriespiel irgendwann legal an ausreichend Geld und Vermögen zu kommen.

Eine Spielmethode, die Dich zum erfolgreichen Lotteriespieler machen kann

Es gilt während der Zeit der Spielteilnahme, eigenes Bauchgefühl und finanzielle Gier auszuschalten und nur planvoll zu handeln.

Wer den aufgezeigten Weg verlässt kann scheitern, wenn er sich beim Lose kaufen verhebt und somit seine weitere Teilnahme gefährdet.

Strategie soll sein, mit kleinem Geldeinsatz zu starten, um das

Verlustrisiko klein zu halten.

Beginne mit Kauf von 1/10el Los-Anteil eines ganzen Loses = 15 Euro je Monat.

Wenn Du Dir finanziell leisten kannst 2 Stück 1/10el Los-Anteile (=30 Euro pro Monat) zu kaufen, <u>desto besser.</u>

Mit gleich 2 Los-Anteilen erhöhen sich Deine Gewinnchancen von 53,50 % automatisch auf 78,77 %. Dies ist ein guter Ausgangspunkt.

Wer es sich nicht leisten kann oder will, kein Problem.

Denn auch mit nur 1/10el Los-Anteil bleibst Du im Spiel und sicherst Deine Chance auf Gewinnmöglichkeiten.

Wenn Du am Spiel mit 2/10el Anteilen teilnimmst, dann bitte Losnummern verschiedener Lose kaufen.

Spiele konsequent so lange mit 2 Los-Anteilen verschiedener Losnummern bis erste Gewinne sich einstellen.

Ziel der von mir aufgezeigten Methode ist, in der Anfangsphase soweit zu kommen, kleinere Gewinne zu realisieren, um mit diesem Geld dann weiter spielen zu können, ohne eigenes Geld einsetzen zu müssen.

Die zahlenmäßig oft und meisten Gewinnausschüttungen liegen im Bereich von 200 bis 300 Euro.

Im Gewinnfall erhältst Du auf Deinen eigenen Los-Anteil 1/10el (= 20 bis 30 Euro), dies ergibt für Dich zumindest ein Freilos und Chance auf Gewinnmöglichkeiten für 1 weiteres Monat Mitspiel.

 Gewinnsummen steigen von Monat zu Monat während der 6 Monate Teilnahme-Dauer.

Die zahlenmäßig nächst höheren, oft ausgeschütteten Gewinne liegen bei ca. 1.000 Euro.

Im Gewinnfall entfallen somit 1/10el auf Deinen Los-Anteil = 100 Euro. Mit diesen 100 Euro lässt sich schon mal <u>3 Monate weiterspielen, ohne Eigengeld.</u>

Die nächsthöheren Gewinne die

zahlenmäßig oft ausgeschüttet werden sind 5.000 Euro.

Also im Gewinnfall 1/10el Los-Anteil für Dich = 500 Euro auf Dein Spielerkonto.

Ab da, fängt es an interessant zu werden die aufgezeigte Methode umzusetzen.

Mit 500 Euro auf dem Spielerkonto lassen sich mit nur 1 Los-Anteil, bereits 2 Los-Anteile a/ 15 Euro ganze **16 Monate spielen**, ohne Eigengeld einsetzen zu müssen.

Solltest Du in dieser Zeit Glück haben und mehrfach gewinnen, umso besser. Es erhöht zusätzlich das Guthaben Deines Spielerkontos.

Auch wenn sich bei Mehrfachgewinnen nur Freilose ergeben sollten, sicherst Du Dir mit jedem Freilos, längere Teilnahme-Dauer am Spiel und Gewinnmöglichkeiten.

Je länger ein Spieler ohne eigenes Geld zahlen zu müssen teilnehmen kann, desto länger besteht täglich Möglichkeit, Gewinne zu erhalten.

Je höher der Spieleinsatz während der Dauer „kostenfreier" Teilnahme, desto kürzer der Zeitraum im Spiel bleiben zu können.

Denn danach müssten alle Los-Einsätze wieder aus eigener Tasche finanziert werden und dies gilt es zu vermeiden.

Solltest Du in dieser Zeit Glück haben mit einem 10 000 Euro Gewinn für ganzes Los = 1/10el Los-Anteil für Dich (=1.000 EUR), wird es nochmal interessanter.

 Damit lässt sich bereits 33 Monate lang ohne Eigengeld spielen. Und täglich die Chance, ähnlich hohe oder weitaus höhere Spielgewinne zu erhalten.

Ab Spielkapital 1.000 Euro für 33 Monate Spielteilnahme ließe sich nun folgende Überlegung anstellen:

Behalte ich weiterhin meinen

bisherigen Plan bei mit dem Ziel, zeitlich möglichst lange im Spiel bleiben zu können, um Gewinnchancen zu sichern. Will heißen, 78,77 % Gewinnchancen bei 1,6 Millionen maximalem Höchstgewinn?

Oder erlaube ich mir, bei jetzigem Spielguthaben-Polster den Zeitraum der Mitspieldauer zu vernachlässigen und ab jetzt mit 4 Los-Anteilen verschiedener Nummern zu spielen, statt wie bisher nur mit 2 Los-Anteilen?

Vorteil wäre: Mit 4 Los-Anteilen verschiedener Losnummern erhöhst Du Deine Gewinnchancen auf **95,89 %,** bei max. möglichem Höchstgewinn 1,6 Millionen Euro.

Diese Entscheidung muss jeder

selber treffen und kann ich Dir
nicht abnehmen.

<u>Fällt Entscheidung schwer</u>, spiele
einfach weiter mit nur 2/10el Los-
Anteilen, bis sich ein
nächsthöherer Gewinn einstellt,
zum Beispiel 20.000 oder 30.000
Euro, wovon 2/10el der Summe
wieder an Dich fallen, also 2.000
bzw. 3000 Euro.

Ab diesem Zeitpunkt solltest Du
Dich dann für Kauf mehrerer Los-
Anteile entscheiden, um schneller
voranzukommen und eine höhere
Gewinnquote zu haben.

Mit zum Beispiel 3.000 Euro
Spielerkonto-Guthaben könnte
Folgendes probiert werden, wenn
Du vorsichtig sein willst:

Spiele weiter wie bisher mit 2.000
Euro Guthaben und dem Kauf von

nur 2/10el Los-Anteilen a / 15 Euro pro Monat.

Und setze die restlichen 1.000 Euro Guthaben ein, für Kauf von 4 Los-Anteilen a/15 Euro pro Monat und Gewinnchancen 95,89 %. Dies wäre ein guter Risiko-Mix.

Irgendwann wirst Du mit Mehrfach-Gewinnen soviel Guthaben auf Deinem Spielerkonto haben, um mit einer oder gar mehreren **ganzen** Losnummern spielen zu können, auf maximale Höchstgewinnsumme 16.000.000 (16 Millionen) Euro. Falls Du dies wünscht.

Doch bis es soweit ist, folge konsequent der aufgezeigten Strategie, um nicht vorzeitig finanziell Schiffbruch zu erleiden. Es gilt der alte Spruch: "Lieber einen Spatz in der Hand, als die

Taube auf dem Dach".

Alles was Du brauchst ist Geduld, bis erste Gewinne sich einstellen. Geh besser nicht davon aus, dass dies schnell passiert. "Gut Ding braucht Weile" besagt ebenfalls ein altes Sprichwort.

<u>Bedenke:</u> Beim Lottospielen warten die allermeisten ein Leben lang auf größeren Gewinn oder Hauptgewinn und erreichen nie das Ziel. Der Sandhaufen mit 24 Millionen Körnchen ist einfach zu hoch.

Bei der Klassenlotterie jedoch ist der Haufen und Anzahl Körnchen zig-fach kleiner, sowie Gewinnchancen auf höhere Gewinne, wesentlich besser verteilt.

Möglicherweise braucht es Geduld erste Gewinne einzufahren, solange Du mit 1 oder 2 Los-Anteilen spielst.

Dies wird sich bessern, sobald Du finanziell in der Lage sein wirst, gleich mehrere Los-Anteile im Monat spielen zu können, mit dann maximalen Gewinnchancen von **95, 89 %.**

Ich wünsche Dir jedenfalls viel Glück und tolle Gewinne beim Anwenden der hier aufgezeigten Methode.

* * * * * * *